Conversations en bandes dessinées

Interactions avec des élèves atteints d'autisme ou d'autres troubles apparentés par le biais d'illustrations en couleurs

Carol Gray
Consultante aux élèves atteints d'autisme
des écoles publiques de Jenison

Illustration sur la page couverture de Carol Gray

Titre original
Comic Strip Conversations
©Jenison Public Schools, 1994

Cet ouvrage a été traduit et adapté en français par
Christian Bouchard, Services linguistiques et
Ulla Hoff, psychologue au Centre de Ressource régionale d'aide
en autisme, Québec, 1996

À Larkin
dont les dessins m'ont rappelé pourquoi on parle
de l'« art » de la conversation
et
à Matthew
qui m'a appris que les sentiments sont tout aussi
innombrables que les couleurs et que les questions sont,
à n'en pas douter, orange.

Être confus, ce doit être quelque chose comme
voir deux couleurs ou plus en même temps
rouge et bleu, par exemple,
ou encore, jaune, vert et noir,
mais le plus souvent orange.
Je pense que, quand quelque chose
est confus, ce devrait être coloré en orange.

Qu'est-ce qu'une conversation en bandes dessinées?

Une conversation en bandes dessinées est une conversation entre deux ou plusieurs personnes, et qui est soutenue par des dessins simples. Ces dessins servent à illustrer une conversation continue, et ils aident ceux qui ont de la difficulté à saisir le sens des propos, qui sont échangés rapidement, à mieux comprendre ce dont il est question. L'expérience tend à montrer que le recours à des conversations en bandes dessinées peut être un outil appréciable pour les parents et les professionnels qui travaillent avec des élèves atteints d'autisme et d'autres troubles de développement. Toutefois, il n'y a pas encore de données objectives qui prouvent l'efficacité de cette méthode.

Bien que les conversations en bandes dessinées puissent être aussi variées que toutes les conversations imaginables relatives à des événements passés, présents ou futurs, elles ont certaines particularités. Les conversations en bandes dessinées relatent systématiquement ce que les gens disent et font et mettent l'accent sur *ce que les gens peuvent penser.* Les habiletés de base de la conversation sont représentées par un ensemble de huit symboles. De plus, des couleurs peuvent être utilisées pour traduire les émotions exprimées par les propos, les pensées et les questions. Certaines conversations en bandes dessinées fournissent des éclaircissements sur la perception qu'a un élève d'une situation donnée; elles constituent également une excellente activité préparatoire au déroulement d'un scénario social[1]. Les conversations en bandes dessinées servent aussi à «travailler» visuellement une situation problématique et à trouver des solutions.

---

[1] Les scénarios sociaux sont de courtes histoires écrites à l'intention de personnes atteintes d'autisme ou de troubles apparentés, pour décrire le plus justement possible des situations de la vie en société. De plus, les scénarios sociaux fournissent souvent les réponses adéquates dans une situation donnée. Voir la section des références. On peut se procurer l'information et le matériel relatifs à des scénarios sociaux auprès de Future Education (l'adresse apparaît dans le présent fascicule).

Fondement de la méthode

Le recours à des conversations en bandes dessinées repose sur la conviction que la visualisation et le support matériel visuel, qui se sont avérés utiles dans l'organisation de l'apprentissage chez les élèves autistes (Grandin, 1992; Gray, 1993; Odom & Watts, 1991; Twachtman, 1992; Quill, 1991, Quill, 1992), peuvent aussi contribuer à améliorer la compréhension d'une conversation. De plus, des symboles de base servent, dans les conversations en bandes dessinées, à illustrer des habiletés abstraites et difficiles à saisir pour l'élève autiste.

Les élèves autistes ont de la difficulté à saisir les convictions et les intentions des autres (Baron-Cohen, 1989; Baron-Cohen, 1990; Baron-Cohen, Leslie & Frith, 1985; Dawson & Fernals, 1987; Hobson, 1992). Dans les conversations en bandes dessinées, les pensées et sentiments des autres dans une situation d'interaction ont autant d'importance que les paroles et les actions. On demande aux élèves d'exprimer, au moyen de couleurs, les sentiments qui se cachent derrière les pensées et les paroles.

Les conversations en bandes dessinées doivent leur existence en partie à une expérience vécue par une petite fille de dix ans, Larkin, qui utilisait des dessins pour communiquer. Larkin dessinait pour exprimer, à sa mère Teri, sa frustration dans des situations contrariantes pour elle. Teri lui répondait par des dessins. Voici ce que cette dernière dit à ce sujet:

Pour exprimer ce qu'elle ressent dans des situations difficiles, ma fille a recours à un certain type de scénarios sociaux. Elle dessine, ou demande à quelqu'un de dessiner pour elle, des situations qui ont été difficiles ou troublantes pour elle. Nous avons appris à dessiner non seulement la situation qui l'inquiétait mais aussi la suite d'événements qui mèneraient à un dénouement satisfaisant.

Ces dessins contribuent grandement à rassurer Larkin qui peut utiliser, dans des situations ultérieures semblables, l'information qu'elle a retenue. Nous avons adopté ce moyen, qu'elle nous a en quelque sorte suggéré, pour l'aider à développer des habiletés à composer avec la réalité. Je ne dessine que pour répondre aux dessins de Larkin - sauf, bien sûr, si elle est trop bouleversée par une situation et qu'elle insiste pour que j'illustre la situation à sa place - ensuite, j'amène ma conclusion, qui est parfois accompagnée d'un «scénario social» pour mettre la conversation dans un contexte approprié.

L'exemple de Larkin, combiné à l'aide de Matthew, un garçon de 11 ans en cinquième année du primaire, a servi de base à l'élaboration d'une méthode systématique de conversation à partir de dessins. On a donc établi les grandes lignes d'une méthode de conversations en bandes dessinées et on les a appliquées. Des modifications y ont été apportées qui tenaient compte des rétroactions de Matthew et de l'avancement de la recherche en matière de cognition sociale et de « théorie de la pensée ». On a, ensuite, élaboré un dictionnaire de huit symboles de base relativement aux habiletés de conversation; on a ajouté de la couleur comme support visuel qui permet de traduire le contenu émotif d'une conversation.

Les grandes lignes fondamentales qu'on trouve dans le présent fascicule sont le résultat des efforts conjugués d'élèves, de parents et de professionnels qui ont travaillé à l'élaboration des conversations en bandes dessinées. Ces grandes lignes n'ont d'autre but que de fournir une base à partir de laquelle chaque élève pourra développer son propre « art de la conversation ».

Matériel

Les participants à une conversation en bandes dessinées dessinent à mesure qu'ils parlent, ce qui oblige à avoir sous la main le matériel nécessaire à cette fin, avant d'entreprendre la conversation. Plusieurs articles peuvent être utilisés, chacun ayant des avantages et des désavantages. La liste qui suit présente les avantages et désavantages de chacun de ces articles. On choisit ces derniers en fonction des connaissances de chaque élève et de ses préférences, ce qui offre de meilleures chances de résultats positifs. Un peu d'originalité dans la combinaison d'articles permettra d'illustrer plus adéquatement une situation donnée, et de tenir compte des besoins et des intérêts de l'élève.

Tableaux plastifiés

Les tableaux plastifiés et les marqueurs et tampons à effacer assortis existent dans une grande variété et croissent en popularité. Il s'en trouve dans beaucoup de classes, parfois même ils ont remplacé les tableaux noirs. On peut se les procurer dans des magasins d'articles de bureau. Leur format varie énormément et ils sont généralement blancs ou noirs. Avec les tableaux blancs, on peut utiliser des marqueurs dans une grande variété de couleurs. Les tableaux noirs nécessitent l'emploi de marqueurs fluorescents pour lesquels il n'y a que quelques couleurs de base.

Avantage :

Les tableaux plastifiés sont très commodes ; on peut effacer ce qui y est écrit ou y apporter des changements facilement. De plus, la grande variété de couleurs des marqueurs facilite la représentation de plusieurs sentiments différents (voir section « Sentiments et couleurs »). Avec les tableaux plastifiés noirs on ne peut utiliser que quelques couleurs, la variété étant moins grande pour les marqueurs fluorescents ; toutefois, l'emploi de couleurs vives sur un fond noir peut aider à maintenir l'intérêt de certains élèves.

Désavantage :

On doit effacer assez rapidement les propos d'une conversation écrite sur un tableau plastifié. Bien que la possibilité d'effacer et d'utiliser des couleurs soit un avantage certain, il y a un inconvénient majeur. Quand l'élève est habitué à se servir de conversations en bandes dessinées, il se peut qu'une conversation donnée demande plusieurs dessins différents. Quand on ne dispose que d'un seul tableau, il faut effacer un dessin pour pouvoir continuer à illustrer la conversation. Il n'est donc plus possible de revenir aux dessins antérieurs. Il est important de pouvoir revenir à des dessins antérieurs pour aider l'élève à comprendre les rapports entre deux ou trois événements (dessins), ou pour faire une révision de la conversation ou de la séquence d'événements.

Si on a à sa disposition un grand tableau plastifié, particulièrement s'il a les dimensions du tableau noir, il n'est pas, alors, nécessaire d'effacer les dessins d'une conversation. Si c'est le cas, on utilise tout le tableau, en commençant à gauche et en se déplaçant vers la droite au fur et à mesure que la conversation avance. (Un conseil : il faut utiliser adéquatement ce grand espace disponible pour éviter le chevauchement au hasard des dessins. Alors, en plus de travailler de gauche à droite, on trace une série de grands rectangles disposés sur une même ligne. On invite l'élève à dessiner à l'intérieur des cadres en série, de gauche à droite sur toute la largeur du tableau). On ne peut conserver ces conversations indéfiniment, car le tableau devra servir à d'autres fins.

Papier

Il y a beaucoup de possibilités d'utilisation du papier et on peut varier les types de papier selon l'âge et les habiletés de l'élève. Pour les conversations en bandes dessinées, on peut utiliser une tablette à dessin à reliure spirale, du papier à dessin **manila**, des grandes fiches, un cahier de notes à reliure spirale ou un classeur à anneaux et du papier ligné ou non. *Dans la plupart des cas*, il n'est pas recommandé d'utiliser du papier de format inférieur à 8 1/2 po sur 11 po.

Avantage :
Le plus grand avantage du papier, c'est sa *permanence* . On peut conserver les dessins pour y référer pendant une conversation ou pour y revenir ultérieurement. De plus, les marqueurs pouvant être utilisés sur du papier existent dans une très grande variété de couleurs, dans lesquelles on peut puiser pour exprimer les sentiments.

Désavantage :
Le désavantage du papier pour une conversation en bandes dessinées est l'impossibilité d'apporter des changements aux dessins faits avec des marqueurs ou des crayons. L'impossibilité d'effacer est un sérieux inconvénient, car elle peut être une source de brisure dans une conversation en bandes dessinées qui se déroulait bien.

Tableaux noirs

Les tableaux noirs peuvent être d'une grande utilité dans l'élaboration de conversations en bandes dessinées, particulièrement avec les élèves qui ne connaissent pas cette méthode. Les élèves ont l'habitude de travailler avec les tableaux noirs et on en trouve dans la plupart des classes. En les utilisant, on peut facilement revoir les dessins de la conversation.

Avantage :
Le plus grand avantage des tableaux noirs est le grand espace qu'ils offrent pour dessiner une conversation. Il peut être avantageux, dans le cas de certains élèves, d'organiser l'espace (voir le dernier paragraphe de la section intitulée Tableaux plastifiés). On peut aussi revoir les dessins facilement.

Désavantage:

Les conversations dessinées sur les tableaux noirs doivent être effacées, elles manquent de discrétion et ne peuvent être conservées.

Manière de procéder

Présentation des conversations en bandes dessinées à un élève

Dans la plupart des cas, c'est un parent ou un professionnel qui présentera les conversations en bandes dessinées à un élève. On tentera de faire accepter l'idée de ce type de conversation, en montrant qu'il est convenable de dessiner pendant qu'on parle pour mieux se comprendre. Il serait donc souhaitable que ceux qui présenteront cette méthode de communication fassent un essai avec quelqu'un d'autre d'abord. Cette précaution permettra de réduire les risques de maladresse, de gêne ou d'incertitude de la part de la personne qui présentera la méthode. Ainsi, l'élève connaîtra la méthode de conversations en bandes dessinées par l'intermédiaire d'une personne confiante et aidante.

En outre, *dans une conversation en bandes dessinées, c'est l'élève qui dirige la conversation.* Le parent ou le professionnel *guide sans diriger la conversation* . On aide, toutefois, l'élève à comprendre et à exprimer les idées dont il est question dans une conversation. Bien que les deux participants aient accès aux marqueurs, on encourage l'élève à écrire/dessiner/parler la plupart du temps. Au début, la «conversation» peut ressembler davantage à une interview, le parent ou le professionnel posant ou écrivant des questions et l'élève, de son côté, dessinant/écrivant/parlant. Le but est d'en arriver, petit à petit, à une formule qui ressemble moins à une interview et plus à une conversation.

La première conversation en bandes dessinées avec un élève vise à familiariser celui-ci avec l'idée de «dessiner en parlant». Le parent ou le professionnel présente sans façon l'activité. Par exemple, il dira: «Aujourd'hui, nous allons dessiner pendant que nous parlerons», et il dessinera le symbole de **paroles** autour des mots. Souvent, les premiers symboles qu'un élève apprend sont ceux de la «personne» et de «paroles» (Figure 1).

6

On demande à l'élève ce qu'il aimerait dessiner et ce qu'il aimerait écrire, ou on choisit un sujet facile qui intéresse l'élève. Par exemple, un parent ou un professionnel peut poursuivre en disant : « Dessine ou dis-moi quelque chose au sujet de ton voyage à Disneyland. Quelles personnes sont allées avec toi à Disneyland ? »

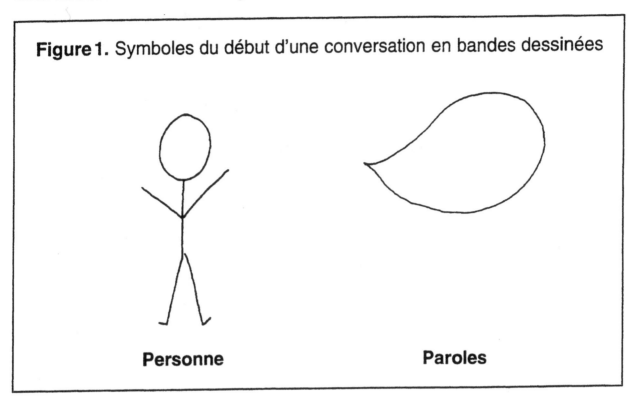

Figure 1. Symboles du début d'une conversation en bandes dessinées

Personne   **Paroles**

Dictionnaire des symboles de la bande dessinée

Le dictionnaire des symboles de la bande dessinée comporte deux ensembles de symboles, le **dictionnaire des symboles de conversation** et le **dictionnaire des symboles personnels** de l'élève (voir Appendice A : Dictionnaire des symboles de conversations en bandes dessinées). Les deux dictionnaires renferment des symboles qui représentent des mots et des concepts précis et qui sont faciles à dessiner. Ces symboles de base fournissent des indices visuels importants dans une conversation, car ils illustrent l'échange d'idées qui a lieu au cours de la conversation.

Le dictionnaire des symboles de conversation présente les huit symboles des concepts de base de la conversation, entre autres : *écouter, interrompre, mots forts et mots doux, paroles et pensées*. On commence en utilisant un ou deux symboles de conversation et on en ajoute d'autres à mesure que l'élève se familiarise avec la méthode. Parfois, l'occasion d'ajouter un nouveau symbole se présente au cours de la conversation. Par exemple, si un élève explique comment quelqu'un l'a interrompu, c'est peut-être l'occasion idéale pour que le parent ou le professionnel présente le symbole pour interrompre. Les symboles qui apparaissent à l'Appendice B ont été conçus pour être plastifiés et pour être utilisés comme cartes « d'étude » ou « d'indices », pour aider l'élève qui apprend ces symboles (voir appendice B : Symboles de conversation et cartes d'étude de définitions de concepts).

Le dictionnaire des symboles personnels comprend tous les symboles fréquemment utilisés par l'élève. Il n'est jamais complet. Le dictionnaire personnel de l'élève se forme au cours du déroulement de plusieurs conversations. Il renferme les symboles de personnes, de lieux et de concepts particuliers qui jouent un rôle dans les expériences personnelles de l'élève et qui appartiennent à son univers de communications (Appendice A). Certains élèves, plus particulièrement ceux qui sont intéressés au dessin et à l'art, peuvent vouloir faire des dessins plus élaborés et détaillés pour leur dictionnaire personnel. Toutefois, pour que les conversations se déroulent bien, les symboles de conversation doivent être simples et faciles à dessiner rapidement. Certains symboles sont clairs, par exemple le symbole d'une *personne* , alors que d'autres peuvent demander un peu d'imagination. Le fait d'élaborer progressivement un ensemble de symboles significatifs avec chaque élève personnalise la méthode et rend l'élève plus maître de son système de communication.

Illustrer des « propos anodins »

Outre le fait que les conversations en bandes dessinées impliquent des dessins au cours d'une conversation, il y a une autre différence importante entre les conversations en bandes dessinées et les conversations normales. Dans une conversation normale les interlocuteurs se font face. Dans une conversation en bandes dessinées, l'élève et le parent ou le professionnel sont assis l'un à côté de l'autre ou se tiennent debout l'un à côté de l'autre, et ils concentrent leur attention sur l'aire de travail de la conversation. Il est souvent utile que l'élève soit le plus près de l'aire de travail, qu'il soit assis ou debout, et que le parent ou le professionnel soit à côté de l'élève ou légèrement derrière lui. Cette disposition est particulièrement importante au début, si on veut que l'élève dirige la conversation et que le parent ou le professionnel ne fasse que la guider.

Les conversations en bandes dessinées commencent comme toutes les conversations par **des propos anodins.** Les sujets des propos anodins sont les mêmes que ceux de toute autre conversation : *ils peuvent être perçus comme inappropriés, mais ils ont une grande importance en société.* Inclure des propos anodins dans une conversation en bandes dessinées montre, visuellement, comment commencent beaucoup de conversations ; si on limite les dessins aux sujets les plus importants, c'est comme si on commençait une conversation au milieu de celle-ci. En conséquence, utilisez les dessins le plus tôt possible dans une conversation. Les dessins sont un aide-mémoire visuel pour savoir « par quoi commencer » quand on s'approche de quelqu'un. Des sujets comme le temps ou la fin de semaine sont bien pour entamer une conversation. En fait, le temps est habituellement facile à dessiner (soleil, pluie, nuages), ce qui aide les élèves moins habiles à dessiner à avoir confiance en eux.

Illustrer une situation donnée

Une fois qu'on en a terminé avec les propos anodins, on attaque le sujet de la conversation qui est le but de l'exercice. On dessine le symbole de lieu, dans le coin supérieur gauche de l'aire de travail. Le symbole de lieu représente le lieu où se déroule la conversation qui fait l'objet de l'exercice. Par exemple, pour illustrer la phrase « Hier, j'étais au terrain de jeux », un élève peut dessiner une petite balançoire dans le coin supérieur gauche de la page. Alors, tout ce qui est dessiné dans l'entourage immédiat de la balançoire représente des activités qui se passent au terrain de jeux. Si le lieu change ou si une série d'événements différents surviennent et que l'aire de travail devient encombrée ou que les dessins deviennent difficiles à suivre, on change d'aire de travail.

Habituellement, le sujet d'une conversation en bandes dessinées en est un qui donne des difficultés à l'élève. On fait dessiner l'élève le plus vite possible. Le parent ou le professionnel guide les dessins de l'élève avec des questions (« Où étais-tu ? ») ou avec des formulations peut-être plus faciles à comprendre pour l'élève (« Fais un dessin de toi. » « Dessine les gens avec qui tu étais à la récréation. »)

On **accumule de l'information** sur la situation en cause, au fur et à mesure que le parent ou le professionnel guide les dessins de l'élève, au moyen de questions qui aident l'élève à « compléter l'illustration » :

1) **Où es-tu ?**
   (l'élève dessine une personne)
2) **Qui d'autre est ici ?**
   (l'élève dessine une personne)
3) **Que fais-tu ?**
   (l'élève dessine des actions ou des objets significatifs)
4) **Qu'est-ce qui est arrivé ? Qu'est-ce que les autres ont fait ?**
   (l'élève dessine des actions ou des objets significatifs)
5) **Qu'est-ce que tu as dit ?**
   (emploi du symbole de paroles)
6) **Qu'est-ce que les autres ont dit ?**
   (emploi du symbole de paroles)
7) **À quoi pensais-tu quand tu as dit cela ?**
   (emploi du symbole de pensée)
8) **À quoi les autres pensaient-ils quand ils ont dit/fait cela ?**
   (emploi du symbole de pensée)

Le parent ou le professionnel fait connaître sa perception à l'élève. Il est souvent utile d'attendre que l'« occasion » se présente naturellement au cours de la conversation, car l'élève se montrera alors plus réceptif à de nouveaux éclaircissements. Par exemple, un élève peut éprouver des difficultés à répondre à certaines questions. Dans ce cas, l'intervenant aide l'élève à formuler une réponse logique. S'il ne réussit pas, une autre réponse - présentant la perception du parent ou du professionnel - peut être glissée pendant qu'on en fait une illustration ou qu'on l'écrit. Toutefois, l'intervenant doit laisser l'élève reprendre la direction de la conversation dès que possible. Le but du parent ou du professionnel est d'atteindre un équilibre entre l'accumulation d'éclaircissements pour aider l'élève à clarifier sa perception et la présentation d'information pertinente sur la vie en société.

Les questions les plus difficiles sont sans doute celles qui ont trait aux pensées et aux intentions des autres. Si l'élève refuse de répondre à une question ou en est tout simplement incapable, on donne une réponse pertinente. Par ailleurs, l'élève peut se tromper en exprimant ce que les autres pensent. Par exemple, l'élève peut dire: « Mon enseignant pense: "Je veux qu'Andrew s'assoie sur cette chaise et fasse des mathématiques toute la journée" ». On reconnaît alors que la réponse est bonne et on amène une autre idée sans discréditer la réponse de l'élève. Par exemple, on peut dire: « Peut-être que ton enseignant pensait: "J'aime Andrew. Je veux qu'il apprenne. Je veux aussi qu'il joue. Les mathématiques d'abord, ensuite le jeu". Je vais écrire cela dans la case que c'est peut-être ce que ton enseignant pensait. »

Le but d'une conversation en bandes dessinées est certes de clarifier une communication; cependant, l'accumulation de mots et de dessins peut créer progressivement du désordre et de la confusion. L'élève peut avoir des difficultés à suivre une série d'événements, pendant qu'il dessine des événements sans tenir compte d'un ordre. Aussi, comme l'élève devient de plus en plus absorbé par son travail d'illustration d'une conversation, plusieurs de ses dessins peuvent devenir encombrants dans l'aire de travail. Il arrive souvent que plusieurs événements se produisent dans un même et unique lieu. De plus, un seul événement peut comporter beaucoup de petits événements différents.

Chaque conversation a une séquence ou structure et les conversations en bandes dessinées ne font pas exception. Il existe des moyens pour s'assurer qu'une communication et des dessins restent clairs et faciles à comprendre. D'abord, dans le cas d'élèves qui ont tendance à rapporter les événements au hasard, l'emploi de cases de bandes dessinées peut être utile. Ces cases sont semblables aux cases qu'on retrouve dans les vraies bandes dessinées: une série de cases encadrent chacun des événements et déterminent la séquence de ces événements. Les cases sont tracées avant de commencer la conversation, ce qui aide l'élève à placer ses dessins dans des cases respectives. Si l'élève illustre des événements qui ne font pas partie de la séquence, on revoie la situation et on numérote les cases selon l'ordre dans lequel les événements qu'elles illustrent doivent apparaître. Par exemple:« *Qu'est-ce qui est d'abord arrivé? Écrivons le numéro un dans cette case.* » Si la conversation est écrite sur du papier, on peut découper les cases et les placer dans le bon ordre. On peut faire de même quand la conversation est illustrée sur une série de grandes fiches.

Bien que les dessins résultant d'une conversation en bandes dessinées puissent paraître déconcertants aux gens qui n'y ont pas participé, le mélange de symboles et de mots peut être tout à fait clair pour les participants. Les mots et les dessins constituent les grandes lignes de la conversation. Souvent, l'élève est capable de répéter la conversation en entier presque mot à mot, simplement en «lisant» les illustrations qui en ont été faites.

On fait un **résumé de la conversation** avant de trouver de nouvelles solutions à la situation. On revoit les points clés de la situation. On peut encourager l'élève à faire lui-même le résumé de la conversation. Si cela n'est pas possible, on peut encourager l'élève à indiquer les dessins de l'aire de travail qui illustrent les événements, au fur et à mesure qu'ils sont mentionnés pendant le résumé. On peut numéroter les événements, en indiquant ceux qui se sont produits en premier lieu, puis ceux qui se sont produits en second lieu et ainsi de suite. Le résumé d'une conversation en bandes dessinées met l'accent sur les facteurs importants et «remet les choses en place», avant de trouver de nouvelles réponses à la situation qui fait l'objet de l'exercice.

Pour mettre un terme à une conversation en bandes dessinées, on trouve de nouvelles solutions. En ayant les dessins de la conversation sous les yeux, l'élève trouve des solutions à la situation. Si l'élève n'arrive pas à trouver de nouvelles solutions, le parent ou le professionnel en suggère une. On écrit alors cette solution et on demande immédiatement à l'élève s'il peut ajouter d'autres solutions possibles. Il y en aura probablement plusieurs autres possibles.

À partir de la liste de solutions, l'élève élabore un plan. Le «pour» et le «contre» de chacune des solutions peut être discuté. On peut aussi illustrer la discussion, en faisant des dessins pour chacune des solutions, respectivement sur des feuilles séparées. Cette façon de faire permet à l'élève de regarder littéralement chaque solution pour élaborer son plan. Les solutions qui ne sont plus jugées adéquates sont éliminées, et les autres solutions sont numérotées suivant l'ordre dans lequel elles seront utilisées ou essayées. Cette liste ordonnée de solutions possibles devient le plan de l'élève pour faire face à la situation la prochaine fois qu'elle se produira.

Quand les élèves qui ont travaillé avec des scénarios sociaux et des conversations en bandes dessinées connaissent de bons résultats, on peut avoir recours, avec ces derniers, à une **mindmap**. Cette technique peut être utile pour élaborer un plan d'action et « une méthode plus créative et plus novatrice pour développer la pensée » (Wycoff, p. 3). Les **mindmaps** utilisent de façon créative les dessins et les symboles pour exprimer et organiser les idées. « Mindmapping a presque un effet magique ; ça sollicite tout le cerveau, permet l'organisation de projets en quelques minutes, encourage la créativité, met fin au blocage de celui qui écrit et fournit un mécanisme efficace pour un remue-méninges » (Wycoff, p. 3). Comme les conversations en bandes dessinées utilisent des dessins et des symboles pour représenter des idées, on peut y adapter, facilement, la technique de mindmapping pour aider les élèves autistes. Cette technique constitue l'étape finale logique à une conversation en bandes dessinées.

Illustrer un événement à venir

Les conversations en bandes dessinées qui ont trait à un événement à venir aident l'élève autiste en lui fournissant une information juste sur ce qui va se passer, sur le moment où cela va commencer et se terminer ; l'élève apprend aussi, grâce à elles, qui y prendra part et ce à quoi on s'attend de la part de l'élève. Certaines considérations devraient entrer en ligne de compte pour le déroulement de conversations en bandes dessinées relatives à un événement futur.

Certains élèves autistes peuvent interpréter littéralement l'information et peuvent insister pour que l'événement se déroule *exactement* comme il a été prévu dans la conversation en bandes dessinées. C'est pourquoi, il faut inclure, dans celle-ci, quelques possibilités de changements à l'horaire ou dans l'activité. Par exemple, Maria est invitée à une fête pour l'anniversaire de quelqu'un. Pendant qu'elle parle de la fête, Maria dessine des ballons. La mère de Maria souligne le fait que, parmi les décorations, il pourrait y avoir des ballons, des serpentins, des assiettes spéciales pour anniversaires *ou peut-être quelque chose d'autre* et elle suggère à Maria de prendre le temps de regarder quelles sont les décorations à la fête. De plus, il faut prendre soin de bien choisir le vocabulaire quand on parle d'un événement à venir. Par exemple, vingt personnes sont attendues à une réunion de famille. En élaborant le plan de l'événement avec son fils autiste, le père dessine plusieurs personnages allumettes et écrit sous ces personnages : « Beaucoup de personnes seront chez grand-maman. » Il faut éviter des phrases trop précises comme : « Vingt personnes seront chez grand-maman. »

Il peut être utile d'écrire des dates dans une conversation en bandes dessinées qui décrit une activité à venir, tout en ayant soin de dire à l'élève qu'il pourrait y avoir des changements. On peut donc indiquer des dates sur les dessins et y ajouter des dates d'éventuels jours de pluie ou des notes comme : « Probablement le 13 décembre ». On peut joindre à un dessin un calendrier et y encercler la date prévue d'un événement avec un crayon de couleur, et les dates des événements remis ou qui auront lieu avec des crayons de couleurs différentes respectivement. Cette façon de faire peut aider l'élève autiste à mieux comprendre quand une activité aura lieu et ce qui se produira si l'activité doit être retardée ou annulée.

Il faut accorder le même soin qu'on a mis pour la détermination des dates quand il est question de l'heure dans les conversations en bandes dessinées. Revenons à l'exemple de Maria. La fête à laquelle doit participer Maria doit commencer à 15 h. Le dessin relatif à l'heure de la fête comportera une horloge indiquant 15 h, mais on aura soin d'écrire *sous le dessin de l'horloge* : *environ 15 h*. L'emploi du mot *environ* aide Maria à comprendre que, si la fête ne commence pas à 15 h *précises*, c'est quand même bien.

Les sentiments et la COULEUR

Dans une conversation en bandes dessinées, la couleur sert à exprimer les émotions et, dans bien des cas, l'intention derrière une phrase, une pensée ou une question. Par exemple, l'apostrophe : « Salut, André. Viens-tu t'amuser ? » peut prendre diverses significations, suivant l'intention de l'interlocuteur. Préciser les pensées des autres et donner des couleurs aux mots qui expriment les émotions sont deux choses qui accentuent l'importance des pensées et des intentions dans la communication. Le **Tableau des COULEURS** présente une liste des couleurs suggérées et les intentions et sentiments qui leur sont associés (Appencide C). (Un élève peut décider de créer sa propre « palette de couleurs-émotions ».)

On a recours aux couleurs progressivement au fil de plusieurs conversations, en en utilisant une à la fois. On commence par les émotions fondamentales et on ajoute d'autres couleurs au rythme des progrès de l'élève. Les couleurs sont ajoutées quand elles se glissent naturellement dans la conversation en bandes dessinées. Par exemple, Maria revient de la fête d'anniversaire et dessine pendant qu'elle raconte à sa mère ce qui s'est passé. Maria fait un dessin d'elle-même et dit :« *J'étais si heureuse, je vais écrire que je dis : "J'aime aller à une fête !"* ». Avant que Maria écrive : « *J'aime aller à une fête !* », sa mère lui suggère d'écrire ces mots en vert, en lui expliquant qu'elle peut utiliser le vert pour les phrases et les mots heureux.

Les élèves peuvent se tromper sur les émotions et les intentions derrière des mots ou une phrase. Dans ce cas, on ne reproche pas à l'élève son erreur et le parent ou le professionnel offre une chance de trouver une autre interprétation. Par exemple, si l'élève interprète la taquinerie qui aurait dite au terrain de jeux « Va te laver le visage dans la flaque d'eau » comme quelque chose de bon et qu'il veut colorer ces mots en vert, l'intervenant peut dire : « *Peut-être que "Va sauter dans la flaque d'eau !" devrait être en rouge. Que penses-tu du rouge ? Qu'est-ce que le rouge veut dire ?* »

On peut utiliser plus d'une couleur pour indiquer les sentiments, et écrire avec deux couleurs ou plus une seule et même phrase. Par exemple, un élève peut être content d'aller au parc tout en étant inquiet du changement dans sa routine. Il peut alors écrire : « *Je veux aller au parc. Je veux rester à la maison* » et utiliser le vert pour marquer sa joie, le rouge pour la colère ou le bleu pour la tristesse ou l'inquiétude. La confusion est souvent représentée de cette façon, en utilisant plusieurs couleurs pour traduire des sentiments contraires.

Un parent ou un professionnel peut s'apercevoir qu'un élève commence à faire référence à des couleurs quand il communique de l'information. Par exemple, un élève peut dire : « J'entends beaucoup de mots verts, aujourd'hui ! » On aide alors l'élève à associer le mot « vert » aux sentiments qu'il représente. Un parent ou un professionnel peut demander :« Que veux-tu dire par mots "verts" ? » ou si c'est trop difficile :« Quels mots verts as-tu entendus ? » De cette façon, le recours à des mots de couleurs pour traduire des sentiments est accepté, et on encourage l'élève à commencer à utiliser les mots que les couleurs représentent.

Résumé

Le présent fascicule présente un outil de communication : les conversations en bandes dessinées, qui a été conçu pour illustrer et simplifier les conversations au moyen de simples dessins. L'expérience tend à montrer que les conversations en bandes dessinées peuvent être un bon outil de travail pour les parents et les professionnels qui travaillent avec des élèves autistes ou ayant d'autres troubles de développement apparentés. Bien qu'elles soient semblables à toute autre conversation, les conversations en bandes dessinées ont des caractéristiques particulières qui visent à rendre les communications plus claires. On y met l'accent sur *ce que les gens peuvent penser* et cette préoccupation fait partie intégrante de chaque conversation. On utilise des symboles pour représenter les habiletés de base de la conversation. De plus, on peut y ajouter de la couleur pour exprimer le contenu émotif des phrases, des pensées et des questions. On peut combiner l'emploi de conversations en bandes dessinées et de scénarios sociaux ou utiliser les premières seules pour résoudre les problèmes auxquels l'élève fait face.

Références

Baron-Cohen, S. (1989). The autistic child's theory of mind: a case of specific developmental delay. *Journal of Child Psychology and Psychiatry*, 30, 285-98.

Baron-Cohen, S. (1990). Autism: a specific cognitive disorder of "mind blindness". *International Review of Psychiatry*. 2, 79-88

Baron-Cohen, S., Leslie, A.M. & Frith, U. (1985). Does the autistic child have a "theory of mind"? *Cognition*, 21, 37-46

Buzan, T. (1974). Use both sides of your brain. New York: E.P. Dutton, Inc.

Dawson, G. & Fernald, M. (1987). Perspective-talking ability and it's relationship to the social behavior of autistic children. Journal of Autism and Developmental Disorders, 17, 487-498.

Grandin, T. (1992). An inside view of autism. in E. Schopier & G. Mesibov (Eds.), High functioning individuals with autism. New York: Plenum Press.

Gray, C. & Garand, J. (1993). Social stories: Improving responses of students with autism with accurate social information. *Focus on Autistic Behavior*, 8, 1-10

Hobson, R.P. (1992). Social Behavior in High Level Autism. In E. Schopier & G. Mesibov (Eds.), High functioning individuals with autism. New York: Plenum Press.

Odom, S. & Watts, E. (1991). Reducing teacher prompts in peer-mediated interventions for young children with autism. *Journal of Special Education*, 25, 26-43.

Twachtman, D. (1992). Sensemaking: Merging the wisdom of pragmatics with literacy-rich new ideas. Presentation at the 1992 Annual Conference ot the Autism Society of America. *Autism Society of America Conference Proceedings*, 100-101.

Quill, K. (1991). Teaching children with autism and pervasive developmental disorders using visual aids. *The Autism Institute*.

Quill, K. (1992). Enhancing pragmatic development in verbal students with autism: Principes of adult-student interaction. Presentation at the 1992 Annual Conference of the Autism Society of America. *Autism Society of America Conference Proceedings*, 89-90

Wycoff, J. (1991). Mindmapping. New York: Berkley Books.

APPENDICE A

Dictionnaire des symboles
de conversation en bandes dessinées

Dictionnaire des symboles de conversation

et

Dictionnaire des symboles personnels

Dictionnaire des symboles de _____

Dictionnaire des symboles de _____

Dictionnaire des symboles de conversation

**tout le monde parle
en même temps/choeur**

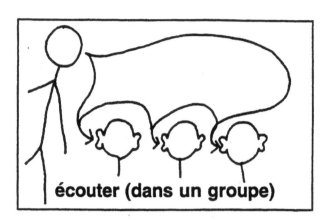

écouter (dans un groupe)

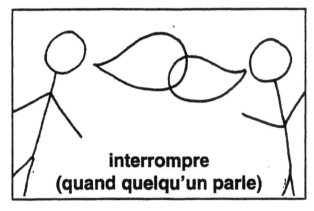

**interrompre
(quand quelqu'un parle)**

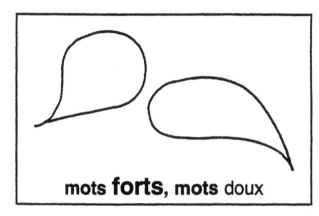

mots forts, mots doux

**interrompre
(quand deux personnes
sont en train de parler)**

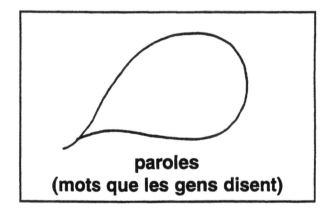

**paroles
(mots que les gens disent)**

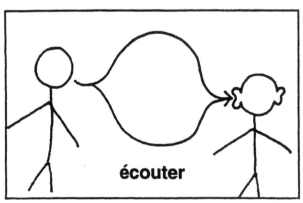

écouter

pensées

APPENDICE B

Symboles de conversation et cartes d'étude de définitions des concepts

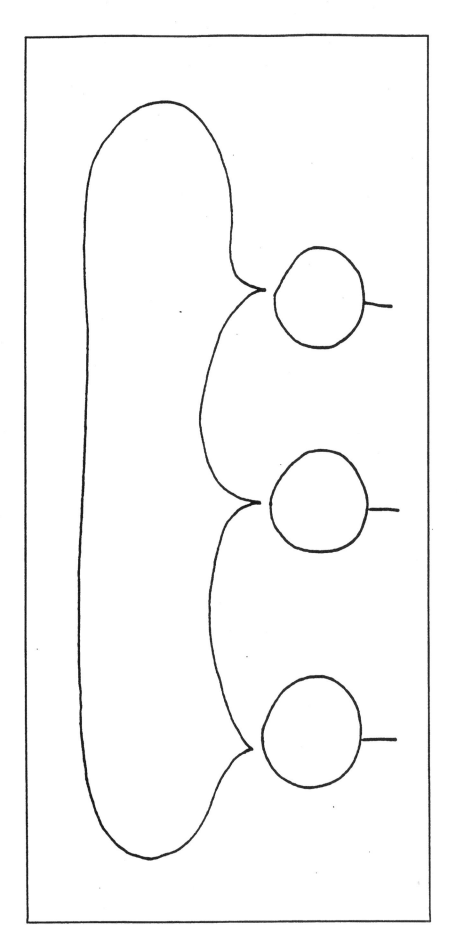

Tout le monde parle en même temps, ou un choeur ou des voix à l'unisson

Quand deux ou plus de deux personnes disent ou chantent les mêmes mots en même temps.

interrompre
(quand deux personnes parlent déjà)

interrompre
(quand quelqu'un n'a pas fini de parler)

Interrompre

Quand mes mots « cognent » ceux des autres personnes.

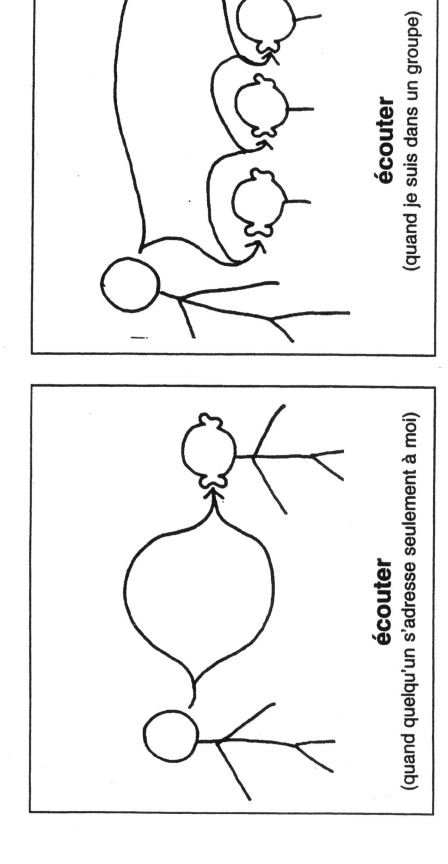

écouter
(quand je suis dans un groupe)

écouter
(quand quelqu'un s'adresse seulement à moi)

Écouter

Avoir l'oreille attentive pour pouvoir entendre les mots que les autres personnes disent.

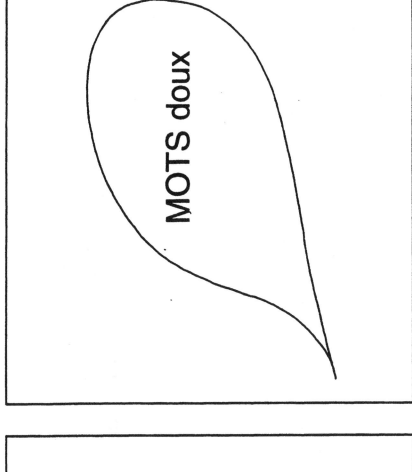

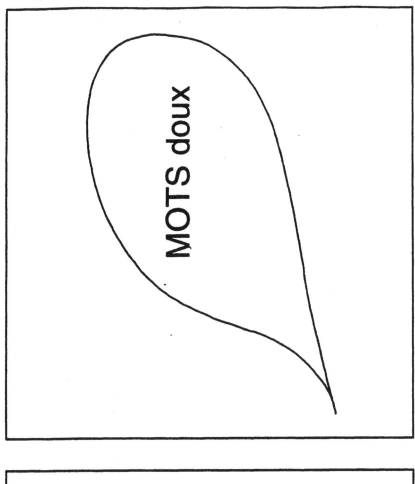

Les gens utilisent des mots **forts** pour **crier.**

Les gens utilisent des mots doux pour chuchoter.

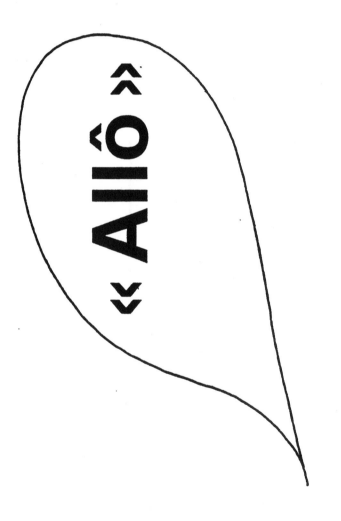

« Allô »

Paroles

Les mots que les gens disent.

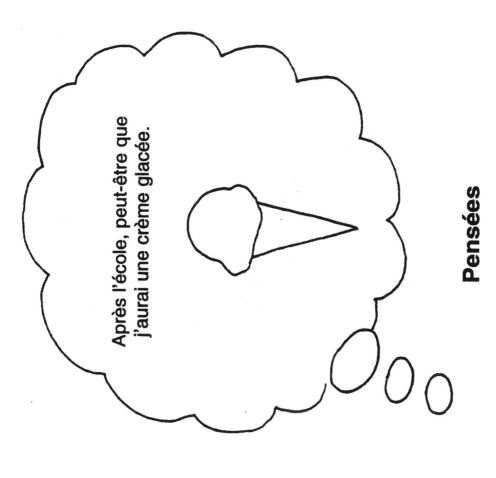

Après l'école, peut-être que j'aurai une crème glacée.

Pensées

Les mots et les images que j'ai dans ma tête.

J'ai des pensées. Les autres ont des pensées.

APPENDICE C

Tableau des couleurs

COULEURS DE LA CONVERSATION

vert : bonnes idées, heureux, amical

rouge : mauvaises idées, taquinerie, colère, hostile

bleu : triste, mal à l'aise

brun : confortable, plaisant

violet : fier

jaune : apeuré

noir : faits, choses qu'on sait

orange : questions

combinaison de couleurs : confusion

Si vous aimez ce livre,
essayez ces autres de
Future Horizons . . .

Apprivoiser la **JUNGLE** de la cour de récréation

Livre de scénarios sociaux

Les scénarios sociaux compris dans ce livre ont été soigneusement
conçus pour les enfants et les adultes atteints d'autisme.

Nouveau livre de scénarios sociaux 1994

Les scénarios sociaux compris dans ce livre ont été soigneusement
conçus pour les enfants et les adultes atteints d'autisme.

FUTURE HORIZONS, INC.

721 West Abram Street

Arlington, TX 76013

800.489.0727

info@FHautism.com

www.FHautism.com

Printed in the USA
CPSIA information can be obtained
at www.ICGtesting.com
JSHW060049150824
68134JS00031B/2685

9 781885 477392